"一带一路"这五年的故事

全球印象

从愿景变为现实

刘 伟 主编

CIPG China Foreign Languages Publishing Administration 中国外文出版发行事业局

外文出版社 FOREIGN LANGUAGES PRESS

导言

2016年6月，黎巴嫩，巴勒贝克城神殿广场。

世界各地的游客来到古罗马神殿遗址太阳城巴勒贝克神庙参观游览。一位名叫蒂穆尔的黎巴嫩青年来到泰坦圣殿，刹那间时间停滞，命运交错，蒂穆尔在古希腊神话众神之王宙斯的带领下穿越时空，回到古代，亲眼见证自己的祖先老蒂穆尔带领队伍从阿曼海峡启程，沿着古丝绸之路，穿越荒漠，漂洋过海，经阿曼、印度等地最终抵达中国西安的传奇故事。

这是歌舞剧《穿越丝路》的场景，它的创作者是被誉为“中东艺术瑰宝”的黎巴嫩卡拉卡拉歌舞剧院，来自中国、印度、伊朗、意大利等国的演员共同演绎着千年丝路上的一幕幕传奇，展现了不同文明与文化的交融。

今天，“一带一路”穿越大陆、跨过海洋，把全世界紧紧连在了一起。世界人民眼中的“一带一路”到底是什么？是便利的贸易、说走就走的旅行？还是舒适快捷的高铁、多姿多彩的游学生活？世界各地的政治家、学者、专业机构人士、媒体人、企业家、普通民众等各类人群用他们丰富的个人体验，为“一带一路”全球印象描绘了一幅色彩斑斓的认知图景。

目 录

“一带一路”整体国际印象

自2013年以来，“一带一路”倡议引起了世界各国的广泛关注。随着时间的推移，“一带一路”建设由点及面逐渐展开，越来越多的国家和地区参与进来，对“一带一路”的关注目光来自世界各个角落。新闻、媒体评论文章、智库研究报告、人物访谈、纪录片等围绕“一带一路”的相关话题展开了多角度的宣传、报道与分析。通过多维度综合分析这些素材，我们发现，五年来世界对“一带一路”的关注不断升温，涉及面越来越广，观点丰富多元，整体上积极肯定的评价占主流。

1. 关注热度持续增加

“一带一路”倡议提出以来，全球各界人士对该倡议的关注随时间的推移逐渐增多，2017年“一带一路”国际合作高峰论坛在北京成功召开，引发了一波世界媒体和智库关注“一带一路”的高潮。在2018年，该倡议提出五周年之际，国际舆论热度依旧不减。

关注“一带一路”的公开出版物类型多样，反映了关注群体范围广。对“一带一路”进行广泛报道的，首先是媒体。这其中既包括《华尔街日报》《卫报》《朝日新闻》《金融时报》等具有世界级影响力的资深传统纸媒，也包括《大西洋月刊》《外交政策》等认可度高、传播范围广的高质量网络杂志期刊，还包括《新加坡海峡时报》《印度斯坦时报》等各国地方主流媒体。其次，“一带一路”吸引了全球大量顶级智库、高校等研究机构专家学者的关注。近年来，包括美国布鲁金斯学会、卡内基基金会、欧洲对外关系委员会、德国墨卡托中国研究中心等智库都发布了若干与“一带一路”相关的专题报告或系列评论文章。再次，全球包括国际组织、多边开发机构、国家投资促进机构、投资银行、商业银行、商会、行业协会、企业联合会等在内的专业机构也从寻找商业机遇及潜在合作空间的视角持续跟踪“一带一路”建设进展，为各自客户提供政策解读、沿线国家国别投资环境评估及指导等服务。

2. 关注广度、深度不断拓展

随着“一带一路”合作不断深化拓展，国际社会对该倡议的理解也逐渐加深，因此国际舆论对“一带一路”的关注并没有停留在宏观的、概念化的粗浅层面，而是不断拓展广度和深度。

当前，国际舆论完整覆盖了《共建“一带一路”：理念、实践与中国的贡献》官方文件中所包含的基础设施互联互通、经贸、产能投资、金融、生态环保、海上合作及人文交流等7大合作领域。这其中，对基础设施互联互通、经贸、产能投资和金融等领域关注度最高，关注点遍布政策解析与评论、具体项目进展、合作效果评估、问题分析、政策建议等多重视角。

很多媒体、智库、行业机构人士，为加深对“一带一路”的了解，不远万里亲赴沿线国家，对相关项目建设进展、运营现状等进行实地考察，深入走访当地社区，与当地民众深入交流接触。孟加拉国记者穆罕默德·朱拜尔·哈桑自2016年来到中国后，走遍了中国10多个省区市。他表示，来到中国实地考察后，对“一带一路”所传递的合作理念理解更深了。“一带一路”之所以得到了这么多国家响应，是因为这一伟大倡议有助于改善发展中国家的社会经济状况，很多国家想跟中国一起帮助人民摆脱贫困。与此同时，世界对“一带一路”的关注也不仅仅局限在物质收益方面。近年来，越来越多的媒体把视野转向了“一带一路”在人文交流方面发挥的纽带作用上。世界各国媒体人与历史学家、艺术家携手进行跨国合作，拍摄了多部“一带一路”相关纪录片、歌舞剧目、电影电视剧等文化产品，深度挖掘沿线国家人民在习俗、观念等方面的相通性。

3. 合作新理念获得高度认可

整体而言，“一带一路”所坚持的共商共建共享原则，及其所代表的开放、包容、普惠的新型全球治理理念，越来越深入人心，得到了全球范围内的广泛认可。泰国前副总理素拉杰·沙田泰用中国成语“上善若水”来比喻“一带一路”。他认为，这展示了“一带一路”真正的含义，就是“要像水一样为人们带来利益，而不对任何人构成威胁”。斯洛文尼亚前总统、联合国前助理秘书长及联合国前安全理事会主席达尼洛·图尔克先生认为，“一带一路”激发了全球发展的新思想和新思维，将会带来全球变革。“世界需要强大的、有勇气的先行者”，图尔克说，他非常看好中国在引领新一轮全球化和全球治理改革创新中的作用。在埃及前总理伊萨姆·沙拉夫先生看来，“一带一路”是改变现状、推动新一轮全球化和全球治理改革的重大机遇。他认为，‘一带一路’是能够弥合不同国家间的发展差距、沟通不同文化的全新理念，在其指引下，世界各国得以实现共同发展这一全人类的共同追求。

尽管部分国家目前对“一带一路”态度微妙，仍存在疑虑，但近两年，越来越多的学者对其国家政府的政策进行了反思。不少欧美学者认为，没有参与到“一带一路”建设中来是非常不明智的举动，意味着主动放弃了发展经济、拓展合作的机会。

欧美等国企业界、金融圈人士，在参与“一带一路”方面早已走在了政府前面。英国渣打银行发布的《中国：“一带一路”日渐成形》报告显示，包括世行等国际金融机构、亚投行等多边开发融资机构、政策性银行、商业银行及保险公司等在内的多层级金融机构正在参与“一带一路”融资，预计“开发性金融”和商业银行在满足“一带一路”项目融资需求方面将起到愈加重要的作用。英国在金融专业技能和基础设施方面全球领先，英国央行和中国人民银行达成了在伦敦清算和结算人民币的协议，当前西半球的大多数银行都将伦敦作为其人民币中心，这有利于英国在“一带一路”建设中发挥关键作用。

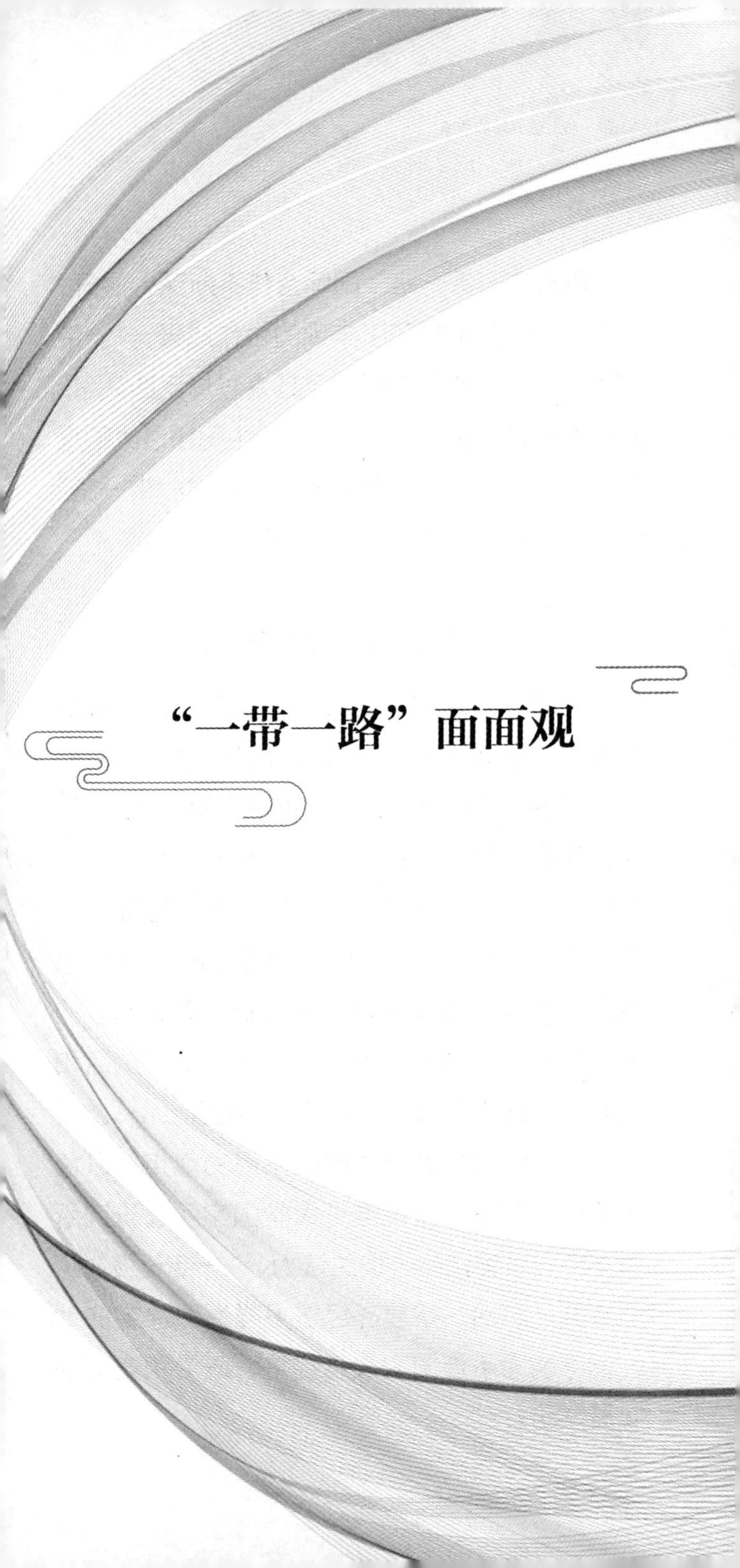

“一带一路”面面观

随着“一带一路”国际合作不断深入展开，中国与沿线国家收获了丰硕的合作成果，“一带一路”在世界范围内得到了越来越广泛的认可。虽然质疑的声音仍然存在，但是中国和沿线国家正在用一个个成功的事实告诉世界：“一带一路”是一条和平、繁荣、开放、创新、文明之路。

1.“一带一路”：国际合作新平台

“一带一路”建设以发展为导向，试图破解困扰当前全球化进展的贫富分差距过大、发展机遇严重不平衡等难题，为维护世界和平稳定、促进各国繁荣共赢提供了极具开放性和创造力的崭新平台。法国前总理多米尼克·德维尔潘所认为，“一带一路”是一个少见的可以抵抗恐怖主义的世界合作计划，通过刺激落后地区的平稳发展，有助于消灭愚昧无知，增进对话和交流，促进地区和政治的进一步融合。

不少专家学者赞同德维尔潘的观点，以色列资深外交官、特拉维夫大学国家问题研究所资深研究员奥代德·埃兰认为，“一带一路”跨越种族、政治、宗教、经济多样性和冲突的地区，可能为所涉国家改善经济、政治和安全现实提供动力。

关于“一带一路”对欧洲到底意味着什么，欧洲国家最近态度也有所转变，开始以更平和、更务实的视角审视这一倡议。2018 年 6 月，法国参议院发布首份关于“一带一路”的评估报告，呼吁法国在“一带一路”建设中发挥积极作用。报告建议，法国应该推动法中双边关系发展，正式融入“一带一路”建设。同时，法国还应在推动欧洲和中国关系发展中发挥引擎作用。报告还说，法国企业和地方政府应多参与同中国在“一带一路”框架内的合作。

2. “一带一路”：可持续发展新途径

随着一个个项目落地开展，“一带一路”倡议切实改善了东道国居民的生活。这些项目不仅为沿线国家创造了就业机会，更为项目承建国培养了技术人员，通过“授人以渔”的方式有力推动了发展中国家的工业化进程，促进了全球可持续发展。

在泰国的泰中罗勇工业园里，来自泰国东北部乌汶府的威猜说：“如果不是来到园区工作，在家乡务农只能糊口，挣钱送弟弟上学只是奢望。”到园区工作后，威猜从普通工人，到技师，又成为主管。威猜说：“收入有保障，还有职业发展前景，我很幸运。”目前，像威猜一样在泰中罗勇工业园工作的泰国员工有 2 万余人，未来将达到 10 万人。

对肯尼亚女孩肯西莉亚和她的同伴们来说，“一带一路”不仅仅是给了她们一份工作。作为肯尼亚历史上的第一批女性火车司机，她们在蒙内铁路上驾驶火车改变了自己的人生轨迹，甚至创造了整个非洲的历史。包括肯西莉亚在内的 7 个肯尼亚女孩，跟着中国路桥公司的师傅从零开始学习火车驾驶技术，并远赴陕西宝鸡铁路技师学院接受培训。2017 年 5 月 31 日，蒙内铁路正式通车，肯尼亚总统肯雅塔亲自试乘列车，而这趟首发列车就是由肯西莉亚驾驶的。肯西莉亚对自己的职业非常自豪，她说：“对我而言，这是一项男女都可以胜任的工作。希望通过我们的努力打破固有的性别成见，证明女性也可以驾驶火车！”

曾几何时，西非国家几内亚首都科纳克里是整个西非地区，甚至在撒哈拉以南非洲地区都是最缺电的首都之一。2015 年 11 月，由中国水利电力对外公司承建的凯乐塔水电站竣工，几内亚总统孔戴动情地表示：“感谢上帝，中国朋友来帮助我们修建了凯乐塔水电站。开工不久几内亚就爆发了埃博拉疫情，在几内亚人民最困难的时候，中国公司没有撤离，继续正常施工，与我们风雨同舟、并肩战斗。凯乐塔水电站点亮了我们的首都。”对几内亚来说，一座水电站不仅意味着百姓能用上清洁的能源，更重要的是，水电站为其带来了发展工业、繁荣经济的强大信心。孔戴总统表示，下一步要同中国企业合作建设苏阿皮蒂水电站，不仅彻底解决几内亚缺电的瓶颈，还可以为西非邻国供电，帮助兄弟国家实现电力化。

虽然，“一带一路”建设过程不可能百分百顺利，但中国企业正在通过加强当地员工培训、学习熟悉所在国法律法规、承担更多社会责任等方式努力融入沿线国家社会，增进与当地人民的友谊和相互了解。在共商共建共享理念指引下，中国与世界各国在“一带一路”框架下的合作，是实现全球可持续发展目标的有效途径。

3. “一带一路”：产能合作新引擎

随着“一带一路”建设的推进，中国大量优势、先进、绿色产能走出国门，依据国际市场需求，中外企业发挥各自优势，共享合作成果。

“一带一路”促进了沿线国家间的高端、创新产业合作，大力推动了发展中国家产业升级。

中国与马来西亚合作建立的中马钦州产业园和马中关丹产业园，不仅创造了两国“双港双园”的新合作模式，更为马来西亚新能源、高新技术及现代服务业发展带来了机遇。园区建设之初，便在整体规划中将环保节能理念深入各个细节：对意向入园企业的环境评估进行严格把关，积极引进清洁技术与可再生能源、电子电气与信息工程等领域产业入园；将工业、生活用水统一回收处理，循环使用可再生水资源，并严格遵照当地标准排放废水。中国企业入驻园区之后，充分发挥优势，带动当地相关产业共同发展。以联合钢铁项目为例，承接该项目的中国企业雇用的本地员工数占员工总数的 70%，总投资中有超过 5 亿美元在当地支出，与 40 多家马来西亚的钢铁贸易商开展合作并带领他们入驻园区，员工薪酬待遇高于当地平均工资水平。

除了马来西亚，明斯克的中国—白俄罗斯工业园、中国与新加坡高新技术开发合作的苏州工业园等项目都在所在国发挥着产业集聚效应，建起一个个国际新城和高端产业聚集地。

在埃及苏伊士域，苏伊士经贸合作区已经发展成为了产业新城。在园区内某服装厂工作的埃及女孩内斯玛回忆起这里以前的面貌，至今仍觉得不可思议，她说：“6 年前这里还是一片荒地，但你看现在，工厂多起来了，设施也不断完善，这里不仅有中国投资者，埃及企业也参与进来。”

世界眼中
“一带一路”的未来

在“一带一路”倡议提出五年之际，无论政要、专家学者、行业机构，还是企业家、记者、普通民众都对这一新型国际合作倡议充满乐观的希望与期待。

1. 赞赏合作理念，期待发展战略对接

“一带一路”对世界各国的吸引力正在变得越来越强。更多国家都希望加快自己发展战略与其对接，与中国共享发展红利。

泰国副总理颂奇表示，“一带一路”倡议加强了沿线国家和地区在基础设施、物流系统等方面的互联互通，希望泰国“东部经济走廊”计划与“一带一路”倡议对接，助力泰国经济发展。孟加拉国信息部前部长伊努认为，“一带一路”倡议是时代的需要，它将加强中国与周边国家的经济往来，并令周边国家历史悠久的港口、码头重现辉煌。“孟加拉国不会错过‘一带一路’这趟‘国际快车’。”伊努坚定地说。历史上，中亚地区经济繁荣、文明璀璨，盛极一时。中亚地区的鼎盛得益于地处古代丝绸之路的核心地带，不仅沟通了亚洲和欧洲的经贸往来，更为东西方文明交流、互鉴、融通搭建了桥梁。吉尔吉斯斯坦前总理卓奥玛尔特·奥

托尔巴耶夫热切期盼中国提出的“一带一路”能推动亚洲各国互联互通，重现古丝绸之路的辉煌。

全球不少行业机构在严谨、专业的评估基础上，对“一带一路”前景十分看好。2018年6月，国际金融论坛（IFF）在《IFF中国报告2018》中公布了一份面向26个代表性国家和地区中央银行的调查问卷结果：92%的央行预计，未来五年，“一带一路”相关项目能够支持本国经济增长0—1%；25%的央行预计这一数字将为2%—5%。意大利圣保罗银行发布的第四期《意大利海洋经济》研究报告指出，在中国加大对“一带一路”沿线国家基础设施建设投资的背景下，地中海航运预期将以每年3%的平均增速稳定增长，航运能力将达到5500万标准箱。“一带一路”极大地促进了地中海航运繁荣，而意大利是海运贸易增长的直接受益者。2012年至2017年上半年，地中海集装箱货船数量就已增长了21%，预计意大利2017年至2020年间的商品出口额将增长60亿欧元。

2. 看好发展机遇，期待互利共赢

“一带一路”建设不断推进，为沿线国家带来无限商业机遇。英国企业家将中欧班列视为促进英国对华出口的新引擎。伦敦世界门户港口和物流园区负责人奥利弗·特勒内曼自豪地表示，中欧班列将为英国产品出口到中国市场提供新途径，此后将会有更多英国产品借助这条铁路，通过英吉利海峡，进入欧洲大陆，穿越亚欧大陆，最后抵达中国。它比海运快速，比空运便宜，是英国产品跨国长途运输的新途径。

其实，目前已经有英国商家瞄准了机会。苏格兰威士忌体验中心负责人肖恩·史密斯兴奋地表示，越来越多的中国人开始对苏格兰威士忌青睐有加，而“一带一路”正好提供了可以使他们的威士忌进入中国这个庞大市场的绝好契机，他们还可以通过借力中欧班列实现威士忌出口保持 5% 增长幅度的计划。

不仅英国，德国企业家对中欧班列的期待也是有增无减。当前，每周从中国发出 25 列货运列车开往德国杜伊斯堡。未来 5 年里，火车货运量将至少增长 10 倍，整个鲁尔工业区都对此充满了兴趣。宝马和德国铁路续签了从莱比锡和雷根斯堡两地向沈阳华晨宝马运送汽车零部件的协议，这为形成更加高效的供应链带来了推动力。德国铁路货运公司高管乌沃·罗尔施纳为班列未来发展提出了具体目标：“由德国铁路承运的中欧班列货物量约占中欧之间铁路货运总量的 20%，且仍在增长。我们必须想办法降低运输成本，要力争将班列货运满载率提升到 100%，还要提高欧洲境内班列的行驶速度以及清关速度，鼓励客户选择陆路运输产品。”

“一带一路”不仅是财富之路，更是创新之路。世界同样看好这一倡议在促进科技创新合作方面的潜力。菲利普·仁里是奥地利一家旅游软硬件研发公司的 CEO，也是奥地利物联网的发起人，还是一名职业旅游家。2018 年他发起了“丝绸之路 4.0”活动，自驾摩托车，4 月 29 日从维也纳出发，途经意大利、克罗地亚、塞尔维亚、保加利亚、土耳其、格鲁吉亚、亚美尼亚、伊朗、土库曼斯坦、乌兹别克斯坦、塔吉克斯坦、阿富汗、吉尔吉斯斯坦等 15 个“一带一路”相关国家，行程 1.5 万公里，历时 4 个多月，最终于 9 月抵达中国。

这是一次与高科技紧密结合的旅行：菲利普的摩托车自带定位和事故报警功能；头盔自带 3D 摄像头，可以对坡度、距离等实时路况进行记录和分析；随身携带的智能手表可以监测海拔、温度、气压等环境数据，规划最优路线；而借助谷歌翻译、缤客等手机应用程序，沿途的语言交流、饮食住宿、当地服务等问题全部迎刃而解。“未来科技的核心是数字网络，不管是产业发展还是价值链的创造都离不开数据的交流，我就是想以旅行的方式展示欧洲和中国科技创新成果，促进‘一带一路’沿线国家科技交流及科技网络的建立，同时探索全新的旅游方式，带动中欧双方旅游业的发展。”菲利普说道，“正是‘一带一路’倡议为旅行科技的应用提供了一个全新的载体。”

3. 搭建沟通桥梁，期待文明互鉴融通

民心相通是“一带一路”建设的重要社会根基。五年来，世界各地的人们用各自独特的方式与“一带一路”结下奇妙的缘分，加深对中国、对世界的了解。

中国对外文化集团公司于 2016 年 10 月正式发起成立了丝绸之路国际剧院联盟。截至 2018 年底，联盟已在全球拥有包括 38 个国家和地区以及 2 个国际组织在内的 104 家成员单位，其中海外成员 68 家。2018 年 5 月，联盟

推出了大型原创歌剧《马可·波罗》，这是来自5个国家的320多名演职人员用3年时间共圆的艺术梦想。这部由中国诗人韦锦和德国作曲家恩约特·施耐德用中文创作的歌剧，故事从威尼斯到“丝路重镇”撒马尔罕，再到元大都和临安层层延展，深度演绎了13世纪意大利旅行家马可·波罗与父亲尼科洛·波罗、叔父马泰奥·波罗自陆上和海上丝绸之路往返中国的传奇经历。

未来，随着与“一带一路”主题相关的书画、影视、美食、歌舞、剧作、旅游、游学等交流活动在沿线国家丰富多样地开展，文明交流一定会超越文明隔阂。法国蓬皮杜艺术中心主席塞尔日·拉斯维涅通过“一带一路”倡议感受到了中国人与西方大不相同的世界观和哲学观，“它为不同民族的文化多样性提供了保障，它对文化多样性的理解和支持会让人类变得更加宽容和开放”。拉斯维涅特别指出，中国拥有深厚文化底蕴，应该多推出具备自身特质的文化品牌，通过“一带一路”，用文化联通世界。法国戛纳电影节艺术总监蒂埃里·弗雷莫也在采访中由衷感慨：“最近几年来，中国电影的发展令人印象深刻，法国民众乐于通过更多的中国电影了解中国，法中电影人应该合作创造历史。”

“一带一路”这五年的故事丛书编委会

图书在版编目（CIP）数据

全球印象：从愿景变为现实 / 刘伟主编 . — 北京：外文出版社，2019. 3
（“一带一路”这五年的故事）
ISBN 978-7-119-11850-5
I. ①全… II. ①刘… III. ①“一带一路” - 国际合作 - 研究 IV. ① F125
中国版本图书馆 CIP 数据核字 (2019) 第 043061 号

出版策划：胡开敏
执行主编：王　文
特约编辑：胡海滨
责任编辑：熊冰頔
装帧设计：北京大盟文化艺术有限公司
内文排版：北京维诺传媒文化有限公司
印刷监制：章云天

全球印象：从愿景变为现实

刘　伟　主编

出 版 人：徐　步
出版发行：外文出版社有限责任公司
地　　址：中国北京西城区百万庄大街 24 号　邮政编码：100037
网　　址：http://www.flp.com.cn　电子邮箱：flp@cipg.org.cn
电　　话：008610-68320579（总编室）
008610-68327750（版权部）
008610-68995852（发行部）
008610-68996064（编辑部）
印　　刷：北京飞达印刷有限责任公司
经　　销：新华书店 / 外文书店
开　　本：880mm × 1230mm 1/32
字　　数：15 千字
版　　次：2019 年 4 月第 1 版第 1 次印刷
书　　号：ISBN 978-7-119-11850-5
定　　价：28.00 元